素顔の文士たち

田村茂 写真

河出書房新社

素顔の文士たち

写真　田村　茂

河出書房新社

素顔の文士たち　目次

80人の文士たち 007

80人の文士たち

あの人の小説を読むと、やせた体を和服に包み、
立て膝で背をしゃんとのばしてお茶を静かに飲んでいる、
という姿がぴたりなんだ。
そのことを話すと川端さんは、
自分はよく片膝を立てるんだと言いながら、すっと坐り直してくれた。
木村伊兵衛さんとぼくだけが、
自分を撮り得たと、どこかで言ってくれたそうだ。

『田村茂の写真人生』より

久米正雄

川端康成＋久米正雄

三島由紀夫

草野心平

中里恒子

佐藤春夫

いまにもくずれ落ちそうな壁。
色が変わり破れてたれさがった障子の紙。
いろりのわきであぐらをかいてすわる氏の周囲には、
雑誌や本が山と積まれ、それにクモの巣がはり、
糸がすすけて黒くなりビロビロとぶらさがっていた。
その手の、ごつく大きかったことを思い出す。

『田村茂写真集 わがカメラの戦後史』より

高村光太郎

谷崎潤一郎

レンズを前にして、こんな横着な格好のできる人は稀有である。
やせこけたすねなど表に出して、
撮りたきゃ撮りな、俺はこんな人間だよ、と言わんばかりの風采は、
すでに達観の境地にいる人のそれであろうか。
たしかに、本職の医業に加えて、
おびただしい歌、歌論、作家研究を残し、
咆哮《ほうこう》激烈な論争を越えてきたこの人ならではの夢のごとき境地かも知れない。

『田村茂写真集 わがカメラの戦後史』より

斎藤茂吉

佐多稲子

野口米次郎

高濱虚子

UTOPIA-SOL
BLUE BLACK INK

長谷川如是閑

辰野 隆

里見 弴

家中猫だらけなんで驚いた。
玄関、庭、塀の上と、あちこちに猫がいるんだ。
みんな他所《よそ》からやって来て、大佛家に居ついてしまうんだって。
隣近所から猫が仲間を呼んで集まってくるんだ。
猫の食糧だけでも大変だろうと心配になった。
動物がそんなに居つくというのは、
大佛家の人たちはみんないい人なんだと思った。

『田村茂の写真人生』より

大佛次郎＋野尻抱影

杉浦幸雄

坂口安吾

中西悟堂

志賀直哉

吉川英治

新村さんは『広辞苑』の編者としてわれわれ庶民にもおなじみであるが、
私のようなまったくの門外漢にしてみれば、
こんな分厚い辞典をつくることなど想像を超える仕事である。
ましてや国語の辞書である。
ことは日本文化の根底にかかわる重大問題……。
と、ここまで考えて途方に暮れた。
世の中には、私が途方に暮れるような仕事をなさる方がいる。
世間は広い、そう思うしかあるまい。

『田村茂写真集 わがカメラの戦後史』より

河井寛次郎

石坂洋次郎

私は写真家として、さまざまなことを彼女から学んだ。
「写真というものも、やはり現実のなかから
本質的なものを切りとってくるものだから、
それを写す人間が成長しなければいい写真はできない」
百合子さんのこの言葉は、
いまでも私の心の奥底で生きている。

『田村茂写真集 わがカメラの戦後史』より

松方三郎

水木しげる

朝永振一郎

小林秀雄

吉屋信子

鏑木清方

高倉 輝

藤田嗣治

徳川夢声

久保田万太郎

中谷宇吉郎

小津安二郎

和辻哲郎

有用植物圖説

おばあさんのように優しい、いい顔をした人だった。
家のなかは、どこもかしこも古い本が山と積んであって、
真ん中に、先生が坐るだけの場所が空いている。
どう考えても、牧野先生にいちばんぴったりするのは、
そのほこりをかぶった古い本のなか。
九十年近く取り組んできた学問、
一緒に生きてきた書物に囲まれているのがこの人の生きてきた姿だと、
ぼくの気持ちを率直に口にすると、
わたしもそう思うと言って、坐ってくれた。
上等とはいえない袢纏《はんてん》を着て写っているけど、
格好なんてかまわない人だった。

『田村茂の写真人生』より

獅子文六

高田 保

経歴がそのままこの人の〝人あたり〟を
つくっているようなところがあった。
ちらっと官吏的な冷たさがのぞいたり、
かと思うと非常に庶民的なやさしさを見せる。
写真も、その二通りができた。
ここに紹介したのは、後者の部類である。
すっかり顔をくずして笑ってしまい、まさに好々爺《こうこうや》もいいところ。
笑うにしろすますにしろ、
この人の顔はまゆとひげがポイントになっている。
しかもおもしろいのは、ひげの方が白くなっているのに、
まゆが黒いままだ。

『田村茂写真集 わがカメラの戦後史』より

手塚治虫

木下順二

鈴木大拙

坂東三津五郎（七代目）

脳血栓だかを病んだあとで、
左の手足が不自由だった。
顔は元気そうだったが、
仕事ができないのをしきりに残念がっていた。
頭がこのとおりツルツルだから、
バックに濃い色がくるように角度を選んだ。

『田村茂写真集 わがカメラの戦後史』より

山田耕筰

高橋新吉

小泉信三

冬の寒い日に、東京駒場の日本民藝館を訪ねた。
柳さんは、長いマフラーと、
どこのものか見当のつかない民芸風のガウン(?)を着て現われた。
非常にきさくな人であった。
この人の勇気ある良識を支えていたものは、
ヒューマンで類まれなその審美眼でなかったかと思う。
新しい美を発見する鋭い眼光が、
この温和な目の中にひそんでいるのである。

『田村茂写真集 わがカメラの戦後史』より

柳 宗悦

鳥居龍蔵

宇野浩二

土井晩翠には困りはてた。
手をきちんと重ねて机の上に置いて、
背筋をぴーんと伸ばして正座したら、
それっきりぴりっとも動かない。
話をしていてもその姿勢は全く崩れない。
これはもうこの人の生き方の象徴なんだと、そのまま写した。

『田村茂の写真人生』より

兼常清佐

徳永 直

佐佐木茂索

桑澤洋子

清水幾太郎

桑原武夫

丹羽文雄

先生の仕事場は、作家のそれと「画家」のそれが同居していた。
こっちを向いて原稿を書き、
気が向けばひざを回して書画をものする、といった感じだ。
その日も、タマネギとジャガイモを前に筆をにぎっていた。
トルストイに心酔し、「新しき村」に生きた先生は、
農民的でありヒューマニストだ。

『田村茂写真集 わがカメラの戦後史』より

三浦綾子

河盛好蔵

宮本顕治

蔵原惟人

ご覧のとおり、実に容姿端麗な湯川さんなのだが、
写真家の私にとってはこの〝端麗〟というものほどいやなものはない。
できあがる写真におもしろみが出ない。
それに加えてこの人は、実に几帳面で、
着物の着くずれ一つ見せない。
人間というものはどこかにくずれたところがあるものなのだが、
この人は〝完璧〟なのである。

『田村茂写真集 わがカメラの戦後史』より

湯川秀樹

広津和郎

松本克平

松田解子

安倍能成

かこさとし

土門 拳

この写真は、一九六九年に
栃木県烏山町の家を訪ねて写したものの一枚である。
そばの山際の道を、愛用の自然木のつえを手にして歩いてもらった。
見るからに剛直な江口さんであるが、
その頑固さは超一流で定評がある。
それほど正邪をみきわめる力にたけ、
邪に対する闘争心は終生変わることがなかった。

『田村茂写真集 わがカメラの戦後史』より

江口 渙

新藤兼人

石垣りん

松本清張

歴史小説の旅
徳川家康
百科事典の365日
戦国の史話

お宅にうかがうと、村山さんが演出した舞台の写真が
大きなパネルになって壁にかかっていた。
自分で撮ったものである。
私がほめると、「いやあ、私はアマチュアだから……」と謙遜したが、
なかなかみごとな写真であった。
この人は、写真とはなにかをちゃんと知っているひとなのである。

『田村茂写真集 わがカメラの戦後史』より

井伏鱒二

太宰治の「晩年」

麦酒

酒

松崎醫院

松崎醫院

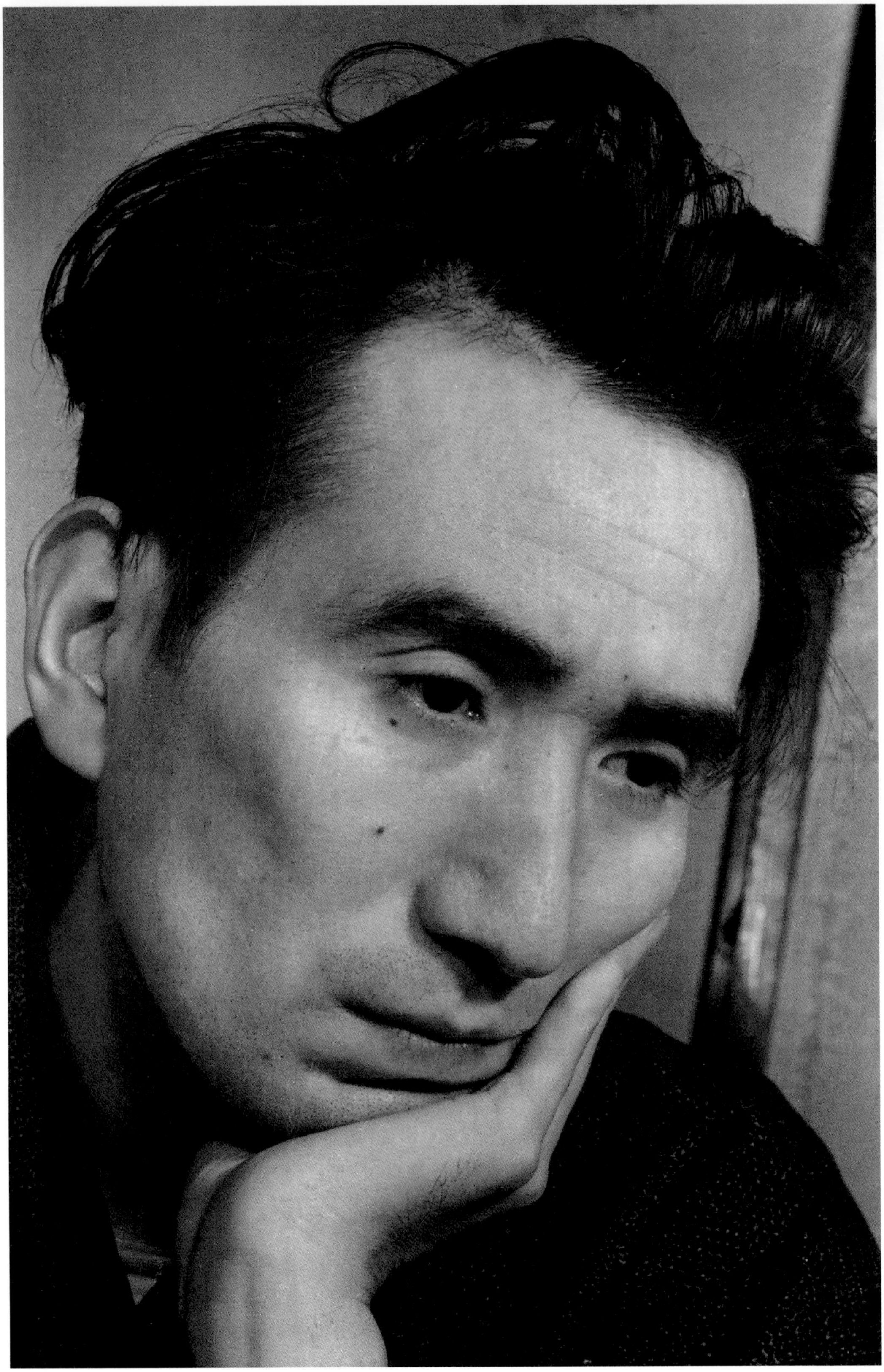

「太宰治」をめぐる〝共働制作〟

安藤 宏

夏目漱石にせよ、森鷗外にせよ、われわれ読者がまず真っ先にイメージする「顔」があるだろう。近代文学がそれ以前の文学ともっとも違う点は、肖像写真が作家としてのイメージの形成に決定的な役割を果たしてきた点にある。太宰治もまた、第一創作集『晩年』の段階から、口絵にパビナール中毒に病む自身の姿を写真に掲げ、肉体上の〝晩年〟を演出して見せている。その当初から、写真によるセルフイメージの演出を意識し、これを創作に利用していく〝名優〟だったのである。

　太宰治の肖像写真といえば、おそらく多くの人が、書斎でほおづえをついた一枚の写真（128頁）を連想するのではないだろうか。人生に苦悩し、憂愁を抱えながら思索を続けるそのイメージは、教科書の副教材から新聞記事に至るまで繰り返し読者の中で反芻され、「太宰治」像の定着に与《あずか》ることになった。

　この写真は太宰治の亡くなる四ヶ月ほど前、昭和二三年の二月二三日に田村茂によって撮影された二七枚のうちの一枚である。目的は生前の唯一の全集である八雲書店版の『太宰治全集』の口絵写真。あまり知られていないが、実は太宰はこの全集の刊行に並々ならぬ情熱を傾けていた。あるいはすでに死を意識していたのであろうか、後々まで残る肖像として、精一杯に「太宰治」を演じて見せているようにも見える。そう思って玉川上水のほとりに一人たたずむ姿を見ると、何やら胸に迫るものがある。

　ほかにもマントを羽織って三鷹駅前の踏切（現在の三鷹駅から考えると、仰天するような風景である）や跨線橋を闊歩する姿、本屋で選書する姿、飲み屋でビールをあおる姿、仕事部屋で思索する姿……。これらはいずれも太宰ファンに広く親しまれているものだ。仕事部屋の後ろの襖のシミ、飲み屋のビールのラベルや机、椅子などなど細部の醸し出すオーラは強烈で、われわれは何よりも、ここから〝時代の表情〟をこそ読むべきなのかもしれない。表情の持つ緊迫感だけを見ても他に多く残されているスナップ写真とはまったくその次元を異にしており、写っているのはまるで別人のようなおもむきがある。

田村は三鷹に住んでいた時期があり、太宰とは三鷹駅前の割烹「千種」で酒を酌み交わす仲であったとも言う。年齢は田村が三歳年上だがほぼ同世代。田村は陸軍宣伝班員としてビルマに徴用された経歴があり、共に芸術家として、時代に翻弄された〝戦友〟でもあった。あるいは太宰が自ら全集口絵の撮影を依頼したのだろうか、この二七枚は肝胆相照らす中で生み出された〝共働制作〟とでもいうべきもので、何をもって「太宰治」とするか、撮られる側の演技と、それを最大限にくみ取ることのできる才能が生み出した、稀有な達成だったのである。

この日太宰がふるまったのは、復員兵士などで賑わう三鷹の街を闊歩する一人の作家の姿である。そしてそれはまた、戦後の混乱のるつぼにあって陰鬱な表情を崩さない、一人の毅然とした小説家の姿でもある。社会の偽善と戦う「無頼派」の旗手、というそのイメージは、まさしく社会派、田村茂の資質の生み出した成果でもあった。田村は昭和一一年頃から「婦人画報」を中心に、ファッション写真に才能を発揮する一方、ルポルタージュ、報道写真にも関心を示していた。土門拳らと青年報道写真研究会を結成するのもこの頃のことである。後者は、戦後、ベトナム戦争、原水禁運動など、社会派としての才能の開花に繋がっていくことになるのだが、このように考えると、昭和二三年のこの写真は、人物の魅力と、その社会的背景とが見事にマッチした名作なのではないかと思う。

撮影の直後に起筆された『人間失格』は、「私は、その男の写真を三葉、見たことがある」という有名な書き出しから始まる。小説家の「私」が主人公大庭葉蔵の三枚の写真を目の当たりにし、その印象を語るのだが、最初の二枚（幼年時代と学生時代）は笑顔の表情を演じたもので、「一から十まで造り物の感じ」がするのだという。「私」はこの二枚について、どちらもこんな不思議な写真を見たことがなかった、という感想を漏らすのだが、このくだりは「私」が写真の見方にかなり通暁していること、また、葉蔵ともども、写真を通してセルフイメージを演技することにかなり意識的な人物であることを示唆している。肖像写真は人から自分がどう見られるか、という自意識の表象にほかならず、徹底的に「自己」を効果的によそおい、そのための計算を惜しまぬ所にこそ太宰文学の真骨頂があったのだった。

実は『人間失格』はこうした演技にすでに疲れ切った男の物語で、特に三枚目の写真は「人間」を「失格」したあとの、もはや表情も印象もない、「画《え》にならない顔」でしかない。だが、現実の太宰は田村の前で、後世に残るべき演技をきちんと貫いてみせていた。太宰自身は「大庭葉蔵」とは違い、最後まで強固な自意識を持ち続け、「俳優」の立場を貫徹したのである。

（あんどう・ひろし　東京大学教授）

田村茂写真語録

父・田村茂　田村眞生

著者略歴

田村茂写真語録

私はすべての人間の顔に興味をもつようになった。平たい顔、とがった鼻、まるい顔、角張った顔、老人のしわが深く刻まれた顔など、実にさまざまだ。電車の中でも往来でも、たえず私は、その人の生活、性格などを推しはかりながら観察した。（略）人間の顔に憑かれてしまったようだった。

（シャッターに賭ける人生（5）「赤旗」1973年10月4日）

人間の顔に対する制作衝動が強くあった。わたしは、この仕事のなかで、自分が見たままの、自分に見えたままに、それらの人の顔を表現したいと考えた。

（フレームへの挑戦【2】掲載誌不明）

人は顔に、表情に、その人の内面的いとなみが現われているものである。その人の人生への誠実さの度合い、精神的生活の充実、貧しさ、あるいは空疎さといったものが、好むと好まざるとにかかわらず正直にその顔に滲み出てきて、ごまかしはきかぬものである。

（あとがき『田村茂写真集 わがカメラの戦後史』）

人間の顔には、その人の過去の全部、生活、思想などが積み重なって出ている。しかしそれは当然のことなので、それを表現しただけではおもしろくない。その人の将来も、その人の顔に、多かれ少なかれ、にじみ出てくるので、それを表現したいと思った。

（シャッターに賭ける人生（10）「赤旗」1973年10月13日）

ある人物を撮る場合、少なくとも撮ろうとする人が書いたもの、その人について書かれたものは読む。そして相手と話しあう。撮りに来ました、ハイパチリ、というわけにはいかない。もっとも、ぼくが読んだり、見たり、聞いたりしたことでの机上プランは持ってるけど、それだけに頼ってそれにはめ込んで撮るとこれも大体は失敗する。プランは持ちつつ、話し合っているなかで相手にどれだけ密着できるかにかかっている。

（『田村茂の写真人生』）

誰にでも、この人はこんな所でこんなふうに撮りたい、という考えはあるはずだし、それも大きな意味での演出になるかもしれない。でも、どんな場合でも、これは演出だとわかってはいけない。カメラ用に準備された顔とスナップ的に撮った場合、またアップと背景を入れた場合と、いろいろあるけれど、いずれも自然のうちにその人が出ていなければいけない。その人の持っているものをこわしてはいけない。

（『田村茂の写真人生』）

いざ撮影の段になると、付き人というのか周囲にいる人が、「こうしたらどうですか、あっちから撮ったほうがいいんじゃないか」なんてうるさく口を出すので閉口したこともあるし、気取っちゃって、他所《よそ》行きの顔でどうしようもない人もいた。そういう人をどううまく撮っていくか、苦労の連続だった。

（『田村茂の写真人生』）

どのような条件であっても、撮影するまで相手に親しみをもって二、三十分位は対談しながら相手を観察し、どうまとめるかを研究し、その上で一挙に撮影するという方法をとっている。そして撮る枚数は、一人十枚位である。

（新しい肖像写真への道「CAMERA」1950年7月号）

それぞれの人物の自然な、現実の日常生活に真正面から飛び込んで喰いさがり、小道具にたよっていたずらに演出を企てたり、写真家の頭の中で観念的にくみたてられた演出の場に、相手を引きずり廻すことはさけるべきだと思った。そしてチャンスをつかむというような当り外れの偶然性に依存する考えもすてた。どこまでも相手の人物のふところに入って仕事をする、つまり四ツに組んで角力《すもう》することにした。

（新しい肖像写真への道「CAMERA」1950年7月号）

真実を切りとる写真の仕事では、カメラ（機械）の肉体化と習熟した技術を媒介に、深い知識と理論による理性と、広い見聞と想像力による鋭敏な感性、被写体に対する情熱と愛情、瞬間的に燃やす集中力と感動などが統一されて、はじめて見る人に強く訴える力をもつ表現が可能になる、そう私は思っている。

（あとがき『田村茂写真集 わがカメラの戦後史』）

写真の出来が悪ければ、すべてカメラマンの責任だ。相手があんなだったから駄目でした、なんてのは〝家庭の事情〟で、そんなの理由にならない。どんなにカメラに向かって構えている人でも、その奥にある、その人が生きてきた本当の姿というのを引っ張り出さなければ。すました気取り屋の顔が、一枚めくれば卑俗な素顔ってこともある。

（『田村茂の写真人生』）

人物写真にかぎらずカメラの背後の眼が重要だと思う。なぜなら、対象をいかに見つめるかってことだから。

（『田村茂の写真人生』）

創造する仕事にたずさわっている人たちは、とても撮りやすかった。写真も創造の仕事だから、なんとなく相手の気持ちがわかる。

（『田村茂の写真人生』）

もし私の撮影したものに鑑賞にたえないものがあり、対象のとらえ方が不十分であり、表現技巧に欠けるところがあるとすれば、それはカメラという機械のせいではなくて、技術の未熟さと思想の低さによる私の責任である。すぐれた写真の表現は、写真家が現実をどのように分析し、そのなかから、いかに選択するかによって成り立つのだと思う。

（シャッターに賭ける人生（7）「赤旗」1973年10月7日）

カメラマンの個性というものは、ヒューマニティーにささえられた洞察力があってこそだとおもう。

（シャッターに賭ける人生（10）「赤旗」1973年10月13日）

もともと写真は所謂《いわゆる》「芸術」ではない。「芸術」を乗り越えた新しい表現美である。十九世紀的な従来の美学をもってしては解釈することのできない新しい視覚である。

（撮影後記『現代日本の百人』）

父・田村茂

田村眞生

父は短気でしたが純粋で子煩悩でした。私は家で行なっていた「婦人画報」のグラビアの撮影中に母が急に産気づき、愛育病院始まって以来の未熟児としてこの世に生を享《う》けました。何とか助けて欲しいと父が懇願し、高度医療と手厚い看護を施され一命を取り留めました。父の真実を追求する精神の「眞」と、生きてほしいという願いを込めた「生」を合わせて、「眞生」と名付けられました。出生時の多額の借金返済のために我武者羅に働いたことを後に母から聞きました。

私は大のパパっ子で、当時お腹を押すとママと言うママ人形が流行っていたのですが、パパ人形がほしいと駄々を捏《こ》ねました。手先の器用だった父は、体の弱かった私のために林檎まるまる一個の皮を繋げて剝くことや、いくつものお手玉を巧みに空中で操る芸当を披露し元気付けてくれました。年をとって生まれた子でしたので「お孫さんですか」と聞かれる度にムキになって「娘です」と言い返していました。

父も母も人を呼んでご馳走することが好きだったので、我家にはお弟子さんをはじめ入れ替り立ち替り多くの人が集まってきて、家族だけで過ごすことは滅多にありませんでした。父は人が集まれば必ず大酒を飲んで騒ぎ、私は眠れない夜を過ごすことが常でした。海外での仕事が多かったため「シゲちゃんの家は私が守る」と先妻の桑澤洋子氏が二階に越してきて、先妻と後妻がひとつ屋根の下で新しい形態の家族を作りました。私も姉も大人の世界を幼い時から垣間見ながら、決して平凡でも穏やかでもない家庭で育ちました。

父は革新的な思想を掲げながらも家庭では保守的でした。ある日、父の留守を狙って母が友人たちを招き夕方まで話が弾んで寛《くつろ》いでいる時に想定外に父が帰宅し、開口一番「あなたたちは夕食の支度はどうなさるおつもりですか」と声を荒げて言ったため、皆、蜘蛛の子を散らすが如く帰って行きました。また、伝統的な行事を大切にし、特にお正月は暮れから念入りな準備を怠らず家族に指示を飛ばし、和服に襷掛《たすきが》け姿で台所に立ち、お雑煮の味付けは勿論、お節料理の品目、味のチェックに至るまで余念がありませんでした。

小さい時からよく言われたことは「自分の顔に責任を持て」と「何か手に職を持て」の二つでした。それはひとつの道を究めた人の中にある共通する真理に触れたことに依るものと思います。父が遺した文章に「人は顔に、表情に、その人の内面的いとなみが現われているものである。その人の人生への誠実さの度合い、精神的生活の充実、貧しさ、あるいは空疎さといったものが、好むと好まざるとにかかわらず正直にその顔に滲み出てきて…」とあります。

父は戦争を機に社会に対する眼が拓け、人間の見たいもの知りたいものを写真で見せるリアリズムの精神に傾倒していき、一回の撮影で相手のリアリティーをいかに捉えるかに精魂を傾けました。

父にとっての人物写真は報道写真の一環だったと思います。ここに載せた作品は父なりに内面を引き出すことに精一杯の努力をしたものと思います。どの写真も生き生きと語りかけてくるのは時を止める写真の持つ力の凄さだと改めて感じます。

母亡き後、さまざまな分野の方々のお力を借りて写真の整理を始めて今年で八年目になります。膨大なネガを前に途方に暮れ何度も挫折を繰り返しながら、終わりの見えない闘いは続いております。

父の存命中には全く写真に興味がなかったことを後悔し、生きているうちに聞いておけばよかったと思うことが沢山あります。

人の使命ということを考える時、私が死の淵から救い出されたのは、作品の整理をして次の世代に渡してほしいという父の願いを叶える役目があったためではないかと思います。

戦中戦後を通して波瀾万丈な人生を駆け抜けながら、多くの友人、知人の支えがあって生涯現役を貫くことができたことは幸せだったと思います。

亡くなる前日まで愛用のライカのレンズを磨いていた姿が今も目に浮かびます。

この度、河出書房新社より人物の写真集を出したいとのお話をいただきました時、今年は奇しくも父の三十三回忌を迎える年であり、不思議な巡り合わせを感じました。田村茂の代表作は「太宰治」だと言われていることに異を唱える絶好の機会でもあり、そのお申し出を快諾いたしました。

この企画、編集に計り知れないほどの心血を注いでくださった河出書房新社の岩崎奈菜さん、ゴーパッションの杉田淳子さん、解説を書いてくださった安藤宏先生をはじめ本書が出来上がるまでに係わってくださった多くの方々の並々ならぬご尽力に心から感謝申し上げます。

（たむら・まお　田村茂写真事務所）

著者略歴

田村 茂（たむら・しげる）

1906年　2月28日北海道札幌市に生まれる。
1928年　田村栄主宰のオリエンタル写真学校に入学、翌年卒業。
1933年　光映社に入社。
1935年　渡辺義雄と共に「東京スタジオ」を設立。建築・広告写真を手掛ける。
1936年　「婦人画報」のルポルタージュやモード写真を手掛ける。
1940年　日本写真工芸社写真部長となる。対外宣伝誌「VAN」の美術部に入り報道写真を発表。
1942年　2月徴用により陸軍宣伝班員としてビルマに出征。
1943年　4月帰京。
1944年　再び召集を受けるが大空襲で罹災、居所不明により免れる。
1946年　「世界画報」の写真部長となる。
1950年　日本写真家協会の創立会員となりフリーランス写真家となる。
1958年　中近東ルポにより平和文化賞受賞。
1963年　日本リアリズム写真集団の設立に参画。
1966年　北ベトナムルポにより日本ジャーナリスト会議賞受賞。
1967年　『北ベトナムの証言―みな殺し作戦の実態』により日本写真批評家協会賞特別賞受賞。
1982年　日本写真協会功労賞受賞。
1987年　マロリーワイス症候群にて12月16日死去。享年81。

おもな著書

『現代日本の百人』（文藝春秋新社）1953年
『アラブの真実』（筑摩書房）1958年
『みんなが英雄―写真で見る「北ベトナム報告」』（毎日新聞社）1965年
『チベット』（研光社）1966年
『北ベトナムの証言―みな殺し作戦の実態』（新日本出版社）1967年
『こどもの告発―サリドマイド児は生きる』（サリドマイド被害児救済会）1967年
『日本の風土と文化』（研光社）1976年
『わがカメラの戦後史』（新日本出版社）1982年
『田村茂の写真人生』（新日本出版社）1986年

代表作に『河岸の古本屋』『藤村のパリ』。

p.092
宮本顕治（みやもと・けんじ）
1908-2007　1955年撮影
政治家、文芸評論家。代表作に『文藝評論』『宮本顕治文藝評論選集』。

p.093
蔵原惟人（くらはら・これひと）
1902-1991　1969年撮影
評論家。プロレタリア芸術運動の指導者として活動。代表作に『プロレタリア文学のために』『芸術論』『小林多喜二と宮本百合子』『蔵原惟人評論集』。

p.095
湯川秀樹（ゆかわ・ひでき）
1907-1981　1952年撮影
理論物理学者。1949年ノーベル物理学賞受賞。代表作に『β線放射能の理論』『目に見えないもの』『旅人 ある物理学者の回想』。

p.096
広津和郎（ひろつ・かずお）
1891-1968　1959年ごろ撮影
小説家、文芸評論家。『年月のあしおと』で野間文芸賞、毎日出版文化賞（文学・芸術部門）受賞。代表作に『神経病時代』『死児を抱いて』『女給』。

p.097
松本克平（まつもと・かっぺい）
1906-1995　1969年撮影
俳優、演劇評論家。俳優座に所属し生涯役者として活動した。著書に『日本新劇史 新劇貧乏物語』『八月に乾杯 松本克平新劇自伝』。

p.098
松田解子（まつだ・ときこ）
1905-2004　1969年撮影
小説家。『おりん口伝』で田村俊子賞、多喜二・百合子賞受賞。代表作に『女の見た夢』『乳を売る』『回想の森』。

p.099
安倍能成（あべ・よししげ）
1883-1966　1949年撮影
哲学者、教育者、政治家。文部大臣、学習院院長などを歴任。岩波書店の経営にもたずさわった。『岩波茂雄伝』で読売文学賞（評論・伝記賞）受賞。

p.100
かこさとし
1926-2018　1975年撮影
絵本作家、児童文学者。『かわ』で産経児童出版文化賞大賞、『海』などで児童福祉文化賞、2008年菊池寛賞受賞。代表作に「だるまちゃん」シリーズ。

p.101
土門 拳（どもん・けん）
1909-1990　1976年撮影
写真家。『室生寺』で毎日出版文化賞（文学・芸術部門）、1971年菊池寛賞受賞。代表作に『筑豊のこどもたち』『古寺巡礼』『拳眼』。

p.103
江口 渙（えぐち・かん）
1887-1975　1969年撮影
小説家。日本プロレタリア作家同盟の中央委員長など歴任。歌集『わけしいのちの歌』で多喜二・百合子賞受賞。代表作に『労働者誘拐』『花嫁と馬一匹』。

p.104
新藤兼人（しんどう・かねと）
1912-2012　1972年撮影
映画監督、脚本家。「原爆の子」で英国アカデミー賞国連平和賞ほか、「裸の島」でモスクワ国際映画祭グランプリほか、「三文役者」でモントリオール国際映画祭特別グランプリほか、受賞歴多数。

p.105
石垣りん（いしがき・りん）
1920-2004　1979年撮影
詩人。『表札など』でH氏賞、『現代詩文庫46 石垣りん詩集』で田村俊子賞、『略歴』で地球賞受賞。代表作に『私の前にある鍋とお釜と燃える火と』『やさしい言葉』。

p.106
土屋文明（つちや・ぶんめい）
1890-1990　1975年ごろ撮影
アララギ派の歌人、国文学者。『青南集』『続青南集』で読売文学賞（詩歌俳句賞）、『青南後集』で現代短歌大賞受賞。代表作に『山谷集』『万葉集私注』。

p.107
松本清張（まつもと・せいちょう）
1909-1992　1976年撮影
小説家。「社会派推理小説」という新しいジャンルを確立した。『或る「小倉日記」伝』で芥川賞、『昭和史発掘』ほかで吉川英治文学賞受賞。代表作に『点と線』『ゼロの焦点』『砂の器』。

p.108
村山知義（むらやま・ともよし）
1901-1977　1972年撮影
小説家、劇作家、演出家。画家、デザイナー、絵本作家としてもマルチに活躍した。代表作に『白夜』『忍びの者』『演劇的自叙伝』。

p.110-111
井伏鱒二（いぶせ・ますじ）
1898-1993　1970年撮影
小説家。『ジョン万次郎漂流記』で直木賞、『本日休診』などで読売文学賞（小説賞）、『漂民宇三郎』で日本芸術院賞、『黒い雨』で野間文芸賞受賞。代表作に『山椒魚』。

p.114-128
太宰 治（だざい・おさむ）
1909-1948　1948年撮影
小説家。その作風から新戯作派、無頼派の中心人物とされる。代表作に『走れメロス』『津軽』『人間失格』『斜陽』。

p.065
柳田國男（やなぎた・くにお）
1875-1962　1950年撮影
民俗学者、官僚。日本各地を自らの足で調査旅行し「日本民俗学の父」と称される。代表作に『遠野物語』『蝸牛考』『桃太郎の誕生』。

p.066
手塚治虫（てづか・おさむ）
1928-1989　1975年撮影
漫画家、アニメーション作家。『ブラック・ジャック』『三つ目がとおる』で講談社漫画賞、『ブッダ』『動物つれづれ草』で文藝春秋漫画賞、『陽だまりの樹』で小学館漫画賞受賞。代表作に『鉄腕アトム』『火の鳥』『アドルフに告ぐ』。

p.067
木下順二（きのした・じゅんじ）
1914-2006　1969年撮影
劇作家、評論家。民話劇、史劇、現代劇で演劇界を牽引した。「風浪」で岸田演劇賞、「夕鶴」で毎日演劇賞、『子午線の祀り』で読売文学賞（戯曲賞）ほか、『絵巻平家物語』で産経児童出版文化賞大賞、『ぜんぶ馬の話』で読売文学賞（随筆・紀行賞）受賞。

p.068
鈴木大拙（すずき・だいせつ）
1870-1966　1951年撮影
仏教哲学者。「禅」の思想を英訳し海外にひろめた第一人者。代表作に『一禅者の思索』『禅の第一義』。

p.069
坂東三津五郎［七代目］（ばんどう・みつごろう）
1882-1961　1951年撮影
歌舞伎役者、日本舞踊家。「踊りの神様」と称される。1955年人間国宝（重要無形文化財保持者）に認定。著書に『三津五郎芸談』『三津五郎舞踊芸話』。

p.071
山田耕筰（やまだ・こうさく）
1886-1965　1951年撮影
作曲家、指揮者。日本ではじめて交響楽団を組織し、交響楽の振興に尽力。代表作に「からたちの花」「この道」（北原白秋作詞）、「赤とんぼ」（三木露風作詞）。また、多くの校歌・軍歌を手掛けた。

p.072
高橋新吉（たかはし・しんきち）
1901-1987　1952年ごろ撮影
詩人、小説家。『定本高橋新吉全詩集』で芸術選奨文部大臣賞受賞。ダダイズムの先駆者として知られる。代表作に『ダダイスト新吉の詩』『詩と禅』。

p.073
小泉信三（こいずみ・しんぞう）
1888-1966　1951年撮影
経済学者、教育者。慶應義塾塾長をつとめたほか東宮（現上皇陛下）教育参与として知られる。代表作に『アメリカ紀行』『マルクス死後五十年』『私の福沢諭吉』。

p.074
柳　宗悦（やなぎ・むねよし）
1889-1961　1951年撮影
思想家。民藝運動の創始者で日本民藝館を設立した。代表作に『茶と美』『民藝とは何か』『手仕事の日本』。

p.076
鳥居龍蔵（とりい・りゅうぞう）
1870-1953　1951年撮影
考古学者、人類学者。日本における人類学の先駆者として研究対象は中国、台湾、モンゴル、シベリアなど広範囲にわたった。代表作に『千島アイヌ』『満蒙の探査』『ある老学徒の手記』。

p.077
宇野浩二（うの・こうじ）
1891-1961　1951年撮影
小説家。私小説風の作風で知られる。1940年菊池寛賞、『思ひ川』で読売文学賞（小説賞）受賞。代表作に『苦の世界』『子を貸し屋』『器用貧乏』。

p.078
土井晩翠（どい・ばんすい）
1871-1952　1951年撮影
詩人。「荒城の月」（滝廉太郎作曲）の作詞で知られ、多くの校歌を手掛けた。代表作に『天地有情』『星落秋風五丈原』『晩翠詩集』。

p.080
兼常清佐（かねつね・きよすけ）
1885-1957　1953年ごろ撮影
音楽評論家。代表作に『音楽巡礼』『音楽と生活』『ショパン』。

p.081
徳永　直（とくなが・すなお）
1899-1958　1953年撮影
小説家。プロレタリア作家として活躍。代表作に『太陽のない街』『はたらく一家』『妻よねむれ』。

p.082
佐佐木茂索（ささき・もさく）
1894-1966　1953年ごろ撮影
小説家、編集者。代表作に『春の外套』『夢ほどの話』。筆を擱いたのち文藝春秋新社社長に就任した。

p.083
桑澤洋子（くわさわ・ようこ）
1910-1977　1953年撮影
ファッションデザイナー。桑沢デザイン研究所、東京造形大学創立者。代表作に『服装—色彩を中心として』『ふだん着のデザイナー』『桑沢洋子の服飾デザイン』。

p.084
清水幾太郎（しみず・いくたろう）
1907-1988　1955年撮影
社会学者、評論家。戦前から戦後の思潮に多大な影響を与えた。代表作に『社会学講義』『論文の書き方』『私の読書と人生』『現代思想』。

p.085
桑原武夫（くわばら・たけお）
1904-1988　1955年撮影
フランス文学者、評論家。『ルソー研究』で毎日出版文化賞（文学・芸術部門）受賞。代表作に『「宮本武蔵」と日本人』『文学入門』『日本の名著—近代の思想』。

p.086-087
丹羽文雄（にわ・ふみお）
1904-2005　1952年撮影
小説家。『蛇と鳩』で野間文芸賞、『顔』などで毎日芸術賞、『一路』で読売文学賞（小説賞）受賞。代表作に『菩提樹』『親鸞』『蓮如』。

p.088
武者小路実篤（むしゃのこうじ・さねあつ）
1885-1976　1952年撮影
小説家、詩人、画家。志賀直哉らと文芸雑誌「白樺」を創刊し、「白樺派」の中軸を担う。代表作に『お目出たき人』『友情』『愛と死』『真理先生』。

p.090
三浦綾子（みうら・あやこ）
1922-1999　1972年撮影
小説家。代表作の『氷点』は朝日新聞社公募の懸賞小説の入選作。映画・ドラマ化により注目された。その他の代表作に『道ありき』『天北原野』『銃口』。

p.091
河盛好蔵（かわもり・よしぞう）
1902-2000　1946年撮影
フランス文学者・評論家。『フランス文壇史』で読売文学賞（研究・翻訳賞）、『パリの憂愁』で大佛次郎賞、1985年菊池寛賞受賞。

「小説の神様」と称され後人に影響を与えた。代表作に『城の崎にて』『小僧の神様』『暗夜行路』『灰色の月』。

p.039
吉川英治（よしかわ・えいじ）
1892-1962　1950年撮影
小説家。『新・平家物語』ほかで菊池寛賞、朝日文化賞、『私本太平記』ほかで毎日芸術賞受賞。代表作に『宮本武蔵』『三国志』。

p.040
新村 出（しんむら・いずる）
1876-1967　1949年撮影
言語学者。『広辞苑』の編纂・著者として知られる。代表作に『南蛮廣記』『新村出選集』『言葉の今昔』。

p.042
河井寛次郎（かわい・かんじろう）
1890-1966　1949年撮影
陶芸家、随筆家。柳宗悦らと民藝運動を推進。「鉄辰砂草花図壺」でパリ万国博覧会グランプリ、「白地草花絵扁壺」でミラノ・トリエンナーレ国際工芸展グランプリ受賞。随筆に『いのちの窓』『火の誓い』。

p.043
石坂洋次郎（いしざか・ようじろう）
1900-1986　1948年撮影
小説家。多くの作品が映像化された。1966年菊池寛賞受賞。代表作に『若い人』『青い山脈』『陽のあたる坂道』。

p.044
宮本百合子（みやもと・ゆりこ）
1899-1951　1949年撮影
小説家。プロレタリア文学の旗手として活動した。代表作に『貧しき人々の群』『伸子』『道標』。夫は宮本顕治。

p.046
松方三郎（まつかた・さぶろう）
1899-1973　1950年撮影
登山家、ジャーナリスト。日本の近代登山の草分け的な人物として知られる。代表作に『アルプスと人』『アルプス記』。

p.047
水木しげる（みずき・しげる）
1922-2015　1969年撮影
漫画家。『テレビくん』で講談社児童まんが賞、『ゲゲゲの鬼太郎』で日本漫画家協会賞文部大臣賞、『のんのんばあとオレ』でアングレーム国際漫画祭最優秀作品賞受賞。代表作に『河童の三平』『悪魔くん』『総員玉砕せよ！』。

p.048
朝永振一郎（ともなが・しんいちろう）
1906-1979　1951年撮影
理論物理学者。1965年ノーベル物理学賞受賞。代表作に『量子力学』『鏡のなかの世界』『物理学とは何だろうか』。

p.049
小林秀雄（こばやし・ひでお）
1902-1983　1950年撮影
文芸評論家。『小林秀雄全集』で日本芸術院賞、『ゴッホの手紙』で読売文学賞（文芸評論賞）、『近代絵画』で野間文芸賞、『本居宣長』で日本文学大賞受賞。代表作に『ドストエフスキイの生活』『考えるヒント』。

p.050
吉屋信子（よしや・のぶこ）
1896-1973　1949年撮影
小説家。『鬼火』で女流文学者賞、1967年菊池寛賞受賞。代表作に『地の果まで』『安宅家の人々』『徳川の夫人たち』。

p.051
鏑木清方（かぶらき・きよかた）
1878-1972　1949年撮影
日本画家、随筆家。「築地明石町」で帝国美術院賞受賞。「三遊亭円朝像」は重要文化財に指定されている。代表作に「一葉女史の墓」「遊女」「松と梅」「春雪」。随筆集に『こしかたの記』。

p.052
高倉 輝（たかくら・てる）
1891-1986　1947年撮影
劇作家、小説家、社会運動家。筆名はタカクラ・テル。代表作に『タカクラ・テル名作選』『ハコネ用水』。

p.053
藤田嗣治（ふじた・つぐはる）
1886-1968　1941年撮影
画家、彫刻家。パリで活動したのちにフランスに帰化。レオナール・フジタを名乗った。独自の色調「乳白色肌」で知られる。代表作に「秋田の行事」「寝室の裸婦キキ」「アッツ島玉砕」。

p.054
徳川夢声（とくがわ・むせい）
1894-1971　1950年撮影
俳優、漫談家、随筆家。活動映画の弁士として名をあげ、司会者としても活躍した。1951年芸術祭賞、1955年菊池寛賞受賞。代表作に『問答有用』『夢声戦争日記』。

p.055
久保田万太郎（くぼた・まんたろう）
1889-1963　1950年撮影
俳人、劇作家、演出家。市井の人々の情緒と生活を描く三田派代表作家。『三の酉』で読売文学賞（小説賞）、1950年日本放送協会放送文化賞受賞。代表作に『道芝』『春泥』『浅草風土記』。

p.056
中谷宇吉郎（なかや・うきちろう）
1900-1962　1950年撮影
物理学者、随筆家。世界ではじめて人工雪の製作に成功した。代表作に『雪』『冬の華』『中谷宇吉郎随筆集』。

p.057
小津安二郎（おづ・やすじろう）
1903-1963　1950年撮影
映画監督、脚本家。ローアングル撮影の独自のスタイルは後人に大きな影響を与えた。1959年日本芸術院賞、「麦秋」で芸術選奨文部大臣賞受賞。代表作に「晩春」「東京物語」「浮草」。

p.058-059
和辻哲郎（わつじ・てつろう）
1889-1960　1950年撮影
哲学者、倫理学者。独自の哲学体系は「和辻倫理学」と称される。『鎖国』で読売文学賞（文学研究賞）受賞。代表作に『古寺巡礼』『風土 人間学的考察』『倫理学』。

p.060
牧野富太郎（まきの・とみたろう）
1862-1957　1950年撮影
植物学者。生涯を植物の研究に捧げ「植物学の父」と称される。代表作に『牧野富太郎植物記』『牧野富太郎自叙伝』。

p.062
獅子文六（しし・ぶんろく）
1893-1969　1951年撮影
小説家、演出家。岩田豊雄名義で書いた『海軍』で朝日文化賞受賞。代表作に『悦ちゃん』『てんやわんや』『娘と私』。

p.063
高田 保（たかた・たもつ）
1895-1952　1950年撮影
劇作家、随筆家。プロレタリア劇作家としての一面と社会を風刺した名コラムニストとして知られる。代表作に『ブラリひょうたん』『いろは歌留多』『高田保著作集』。

文士略歴

p.009, 011
川端康成（かわばた・やすなり）
1899-1972　1951年撮影
小説家、文芸評論家。『千羽鶴』で日本芸術院賞、『山の音』で野間文芸賞、『眠れる美女』で毎日出版文化賞（文学・芸術部門）、1968年にノーベル文学賞受賞。代表作に『伊豆の踊子』『禽獣』『雪国』。

p.010-011
久米正雄（くめ・まさお）
1891-1952　1951年撮影
小説家、劇作家。代表作に戯曲「牛乳屋の兄弟」『蛍草』『破船』。

p.012-013
三島由紀夫（みしま・ゆきお）
1925-1970　1953年ごろ撮影
小説家、劇作家、評論家。「白蟻の巣」で岸田演劇賞、『金閣寺』で読売文学賞（小説賞）、『絹と明察』で毎日芸術賞受賞。代表作に『仮面の告白』『潮騒』『豊饒の海』。

p.014
草野心平（くさの・しんぺい）
1903-1988　1953年ごろ撮影
詩人。「蛙」をテーマにした詩歌で知られる。『蛙の詩』で読売文学賞（詩歌賞）、『わが光太郎』で読売文学賞（評論・伝記賞）受賞。代表作に『第百階級』『蛙』『雑雑雑雑』。

p.015
中里恒子（なかざと・つねこ）
1909-1987　1954年撮影
小説家。『乗合馬車』で芥川賞、『歌枕』で読売文学賞（小説賞）、『誰袖草』で女流文学賞受賞。代表作に『時雨の記』。

p.016-017
佐藤春夫（さとう・はるお）
1892-1964　1950年撮影
詩人、小説家。若くして詩文に才を見るものちに小説に転向した。『佐藤春夫全詩集』で読売文学賞（詩歌俳句賞）、『晶子曼陀羅』で読売文学賞（小説賞）、野間文芸賞受賞。代表作に『田園の憂鬱』『都会の憂鬱』、詩「秋刀魚の歌」。

p.018
高村光太郎（たかむら・こうたろう）
1883-1956　1951年撮影
彫刻家、詩人。『典型』で読売文学賞（詩歌賞）、「道程」で帝国芸術院賞受賞。代表作に彫刻「手」「乙女の像」、詩集『智恵子抄』。

p.020-021
谷崎潤一郎（たにざき・じゅんいちろう）
1886-1965　1950年撮影
小説家。『細雪』で毎日出版文化賞（文学・芸術部門）、1948年朝日文化賞受賞。代表作に『痴人の愛』『春琴抄』『陰翳礼讃』。

p.023
斎藤茂吉（さいとう・もきち）
1882-1953　1950年撮影
歌人、精神科医。アララギ派の中心的存在。『柿本人麿』で帝国学士院賞、『ともしび』で読売文学賞（詩歌賞）受賞。代表作に『赤光《しゃっこう》』『あらたま』『つきかげ』。

p.024
佐多稲子（さた・いねこ）
1904-1998　1946年撮影
小説家。『女の宿』で女流文学賞、『樹影』で野間文芸賞、『時に佇つ（その11）』で川端康成文学賞、『月の宴』で読売文学賞（随筆・紀行賞）受賞。代表作に『キャラメル工場から』『くれなゐ』。

p.025
野口米次郎（のぐち・よねじろう）
1875-1947　1943年撮影
詩人、イギリス文学者。彫刻家イサム・ノグチの父。代表作に『二重国籍者の詩』『ヨネ・ノグチ代表詩』その他英文詩の詩集多数。

p.026-027
高濱虚子（たかはま・きょし）
1874-1959　1950年撮影
俳人、小説家。「ホトトギス」を主宰し多くの門下を育成した。代表作に『虚子句集』『虚子俳話』『虚子百句』。

p.028
長谷川如是閑（はせがわ・にょぜかん）
1875-1969　1950年撮影
ジャーナリスト、思想家。大正デモクラシー時代を代表する記者。代表作に『戦争論』『現代国家批判』『ある心の自叙伝』。

p.029
辰野 隆（たつの・ゆたか）
1888-1964　1950年撮影
フランス文学者、随筆家。代表作に『ボオドレエル研究序説』『さ・え・ら』『忘れ得ぬ人々』『仏蘭西文学』。

p.030-031
里見 弴（さとみ・とん）
1888-1983　1951年撮影
小説家。『恋ごころ』で読売文学賞（小説賞）、『五代の民』で読売文学賞（随筆・紀行賞）受賞。代表作に『多情仏心』『道元禅師の話』『安城家の兄弟』。

p.032, 034
大佛次郎（おさらぎ・じろう）
1897-1973　1951年撮影
小説家。大衆文学、歴史小説、ノンフィクションと幅広く活躍。『帰郷』で日本芸術院賞受賞。代表作に「鞍馬天狗」シリーズ、『赤穂浪士』『天皇の世紀』。

p.034
野尻抱影（のじり・ほうえい）
1885-1977　1955年撮影
英文学者、随筆家、天文学者。代表作に『日本の星』『日本星名辞典』『星と伝説』。大佛次郎は末弟。

p.035
杉浦幸雄（すぎうら・ゆきお）
1911-2004　1959年撮影
漫画家。1956年文藝春秋漫画賞、1959年毎日新聞社賞受賞。代表作に『銃後のハナ子さん』『アトミックのおぼん』『面影の女《ひと》』。

p.036
坂口安吾（さかぐち・あんご）
1906-1955　1955年撮影
小説家、評論家。作風から無頼派と称される。『不連続殺人事件』で日本推理作家協会賞長編賞、『安吾巷談』で文藝春秋読者賞受賞。代表作に『風博士』『堕落論』『白痴』。

p.037
中西悟堂（なかにし・ごどう）
1895-1984　1970年撮影
野鳥研究家、歌人、僧侶。日本野鳥の会設立者として知られる。『定本野鳥記』で読売文学賞（研究・翻訳賞）受賞。代表作に『野鳥と生きて』、詩集『東京市』『野鳥と共に』。

p.038
志賀直哉（しが・なおや）
1883-1971　1950年撮影
小説家。文芸雑誌「白樺」創刊の中心人物。

本書は、田村茂が撮影した小説家、作家、学者をはじめ「文筆」にかかわる方々を収録したものです。

引用文は、著作権者の了承を得た上で一部を編集しました。

素顔の文士たち

2019年11月20日　初版印刷
2019年11月30日　初版発行

著　者　田村 茂
編　集　杉田淳子 (go passion)
プリンティングディレクター　十文字義美 (凸版印刷株式会社)
ブックデザイン　松田行正、倉橋 弘 (マツダオフィス)
協　力　田村茂写真事務所
株式会社写真弘社
発行者　小野寺優
発行所　株式会社河出書房新社
〒151-0051 東京都渋谷区千駄ヶ谷2-32-2
電話　03-3404-1201 (営業)
03-3404-8611 (編集)
http://www.kawade.co.jp/
印　刷　凸版印刷株式会社
製　本　大口製本印刷株式会社

Printed in Japan
ISBN978-4-309-02835-4

一部、被写体の著作権者に所在不明の方がおられました。お気づきの方は編集部までご一報ください。